¡YA SÉ REZAR!

Rosario Escobés

Manual de oraciones
para niños

PPC

Proyecto editorial
Departamento de Catequesis de PPC

Coordinación editorial
Herminio Otero

Equipo asesor
Miguel Ángel Cortés
Joaquín M.ª García de Dios

Revisión catequética
Maxi Escalera

Revisión pedagógica
Miguel Ángel Cortés

Oraciones
Rosario Escobés

Adaptación y ampliación
Herminio Otero

Ilustraciones
Antonia Santolaya

Maqueta
María Jesús Merinero

Portada
Juan Pedro Cantero

Impresores, 15 – 28660 Boadilla del Monte (Madrid)
ppcedit@ppc-editrorial.com

ISBN: 84-288-1837-1
Depósito legal: M-12758-2004
Impreso en España / *Printed in Spain*
DIN Impresores

Carta de presentación

Querido amigo, querida amiga:

Ya vas siendo mayor y estás aprendiendo muchas cosas. También puedes aprender a rezar.
Este libro te puede ayudar a ello. En él encontrarás muchas oraciones que han rezado otros niños y niñas como tú.
Las preparó una maestra que quería mucho a los niños y les enseñaba a rezar. En ellas se refleja lo que mejor había hecho: rezar y enseñar a rezar.
Las escribió poco antes de morir, muy joven todavía, y nos las dejó como su mejor regalo.
Ahora también nosotros las podemos rezar solos o con los amigos, en casa, en el colegio o en la parroquia.
Para ello, abre el libro y comienza a rezar. Ya verás cómo muy pronto tú también podrás decir: ¡Ya sé rezar!
Y así, podrás rezar cada día una o dos oraciones, no más. Y podrás escribir otras nuevas.
Y al final, tú mismo podrás descubrir lo bonito, lo interesante y lo divertido que es rezar.
Así te lo desea tu amigo,

Herminio Otero

Cómo rezar con este libro

En este libro hay muchas oraciones que han rezado otros niños como tú.

- Las puedes rezar tú solo en cualquier momento y en cualquier lugar.
- También las puedes rezar con tus familiares en casa, y con tus amigos en el colegio o la parroquia.

Al principio del libro (páginas 6 a 25) hay varios ejemplos de otros niños que estaban aprendiendo a rezar.

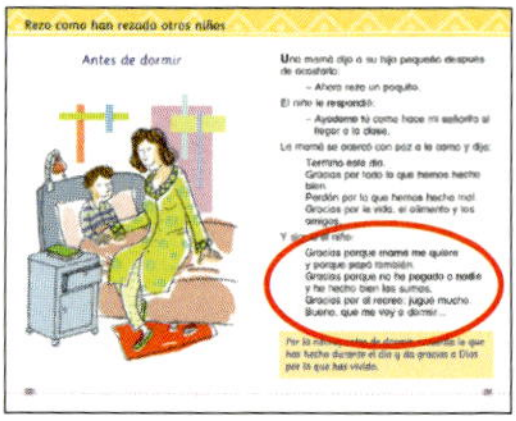

- Lee alguna de esas páginas y coméntalas con tus familiares o con tus profesores.
- También tú puedes hacer lo mismo que ellos hicieron.

A partir de la página 26, encontrarás en cada doble página varias oraciones sobre el mismo tema.

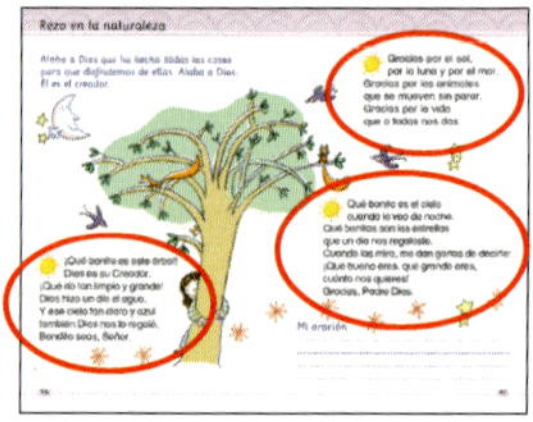

- Abre el libro por cualquier página o busca un tema que te guste.
- Elige una oración y rézala.

Las oraciones tienen un símbolo que indica a quién se dirigen:

Oraciones dirigidas a Dios

Oraciones dirigidas a Jesús

Oraciones en que recordamos a María.

- Fíjate siempre en esos símbolos para saber a quién se dirigen.

Al principio o al final de cada doble página hay un recuadro:

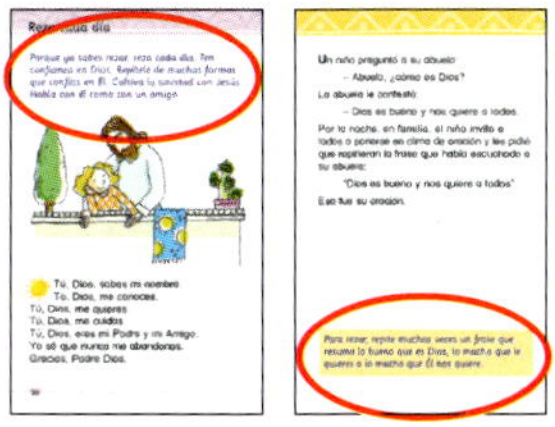

- Te recuerda lo que puedes hacer para rezar.
- Léelo siempre e intenta hacer lo que dice.

Al final de la doble página hay otro recuadro para que tú mismo escribas otras oraciones.

- Escribe alguna oración.
- Así las puedes rezar también otros días.

He aquí una serie de experiencias de niños y niñas como tú o más pequeños. Ellos, como tú, también estaban aprendiendo a rezar.

Con los ojos cerrados

Un padre oraba en la parroquia con los ojos cerrados y con actitud devota.
Su pequeña hija lo miraba hasta que, tirándole de la chaqueta, le dice:

– Papá, ¿qué haces?
– Rezar. Dios me oye lo que le cuento.
– Pues ahora dile que me escuche a mí, que le voy a contar más cosas.

Y permaneció un rato hablando a Dios.

Para rezar, ponte en una postura cómoda, relájate, cierra los ojos y cuéntale a Dios muchas cosas: dile lo que te pasa, cuéntale lo que te gusta o lo que te disgusta, dale gracias, alábalo... Y pídele que te ayude. Él te escucha.

Repetir una frase

Un niño preguntó a su abuela:

– Abuela, ¿cómo es Dios?

La abuela le contestó:

– Dios es bueno y nos quiere a todos.

Por la noche, en familia, el niño invitó a todos a ponerse en clima de oración y les pidió que repitieran la frase que había escuchado a su abuela:

"Dios es bueno y nos quiere a todos".

Esa fue su oración.

Para rezar, repite muchas veces un frase que resuma lo bueno que es Dios, lo mucho que le quieres o lo mucho que Él nos quiere.

Repetir una frase con ritmo

Un educador estaba enseñando a una niña a subir escaleras con ritmo y, para ello, le enseñaba a repetir algunas frases.
En una ocasión la niña quiso enseñarle a la maestra una frase bonita –seguramente oída en familia– y bajó así las escaleras:

"Padre
Dios,
todos
iremos
contigo
al Cielo".

Y repetía de nuevo su oración mientras seguía bajando las escaleras.

En cualquier momento puedes rezar: elige alguna frase bonita y repítela con ritmo cuando andes, cuando juegues o cuando subas o bajes las escaleras.

Completar las frases

El maestro estaba enseñando a los niños a rezar. Les enseñaba a serenarse utilizando el ritmo de la respiración.
El maestro empezaba las frases y los niños las continuaban. Y oraban así:

Maestro: – Jesús, quiero ser...
Niños: – Bueno, obediente, trabajador, sincero...

Maestro: – Jesús, quiero que todos sean:
Niños: – Buenos, amigos, generosos, amables...

Maestro: – Jesús, quiero que todos los niños del mundo...
Niños: – Tengan paz, tengan pan, sepan leer, tengan mamá...

Para rezar, elige alguna frase y complétala dejando que salga lo que te dice el corazón. Puedes hacerlo solo o con algunos amigos.

Alabar

Una catequista explicó el significado de "alabar" de modo que lo entendieran los pequeños que tenía delante:

– Alabar es decir lo bueno de los otros, y decírselo muchas veces, y decírselo con mucha alegría.

La catequista invitó a los niños a que alabaran a Dios. Y los niños dijeron:

– Te alabo por la Creación.
– Te alabo por Jesús, el amigo de todos.
– Te alabo por la paz que hay aquí.
– Te alabo porque te conozco.
– Te alabo porque me quieres.
– Te alabo porque todo, todo, lo haces bien...

Para rezar, alaba al Señor: di en voz alta la alegría que sientes, lo contento que estas, lo bueno que es Dios. Díselo muchas veces, que Él no se cansa de escucharte.

Experiencia desde la montaña

Un niño subió corriendo a una montaña pues su padre le había explicado que, desde arriba, se veía todo más hermoso: que se veía más pequeño pero muy bonito.
Cuando llegó a la cumbre, se tumbó cansado y se acordó de una canción aprendida en el colegio:

"Yo pensaba que el hombre
era grande por su poder,
grande por su saber,
grande por su valor.
Yo pensaba que el mundo
era grande y me equivoqué,
pues grande es solo Dios..."

Y de pronto el niño gritó:

"¡Tú eres mucho más grande, Dios!
¡Qué mundo tan precioso
has sabido hacer Tú!"

Para rezar, mira las cosas bonitas que hay en la naturaleza. Y da gracias a Dios por ello.

Admirar y dar gracias

Abrió una niña un regalo de Reyes: era una hermosa biblia ilustrada. La abrió y comenzó a ver los dibujos.
Sus padres, al verla tan atenta a los dibujos de la Creación, aprovecharon para enseñarle a rezar.
Señalaban cada elemento dibujado, y le iban diciendo:

– Gracias por el sol.
– Gracias por las flores.
– Gracias por el agua.
– Gracias por las estrellas.
– Gracias por la tierra.
– Gracias por las galaxias...

La niña intervino varias veces repitiendo y, al terminar, añadió:

– Y gracias por este libro
y por los reyes magos
que me lo han traído.

Para rezar, mira los dibujos y las imágenes que representen paisajes de la naturaleza o que reflejen a las personas. Piensa qué te recuerdan. Y da gracias por ello.

Recordar a las personas

Murió el abuelo en una familia. Los padres sabían que la muerte es parte de la vida y quisieron que lo despidieran los nietos.
Los padres les explicaron que ya no verían más la cara del abuelo ni su cuerpo, pero que, cerrando los ojos, podrían recordar siempre su forma de ser, sus cuentos, sus palabras y sus risas.
Uno de los nietos se despidió así del abuelo:

> "Adiós, abuelito.
> Que te lo pases bien con Dios.
> Yo me lo paso bien con vosotros dos.
> Muchas gracias."

Para rezar, recuerda lo bueno que te han enseñado las personas que más te han querido o que más te quieren. Y háblale a Dios de ellas.

Antes de dormir

Una mamá dijo a su hijo pequeño después de acostarlo:

– Ahora reza un poquito.

El niño le respondió:

– Ayúdame tú como hace mi señorita al llegar a la clase.

La mamá se acercó con paz a la cama y dijo:

Terminó este día.
Gracias por todo lo que hemos hecho bien.
Perdón por lo que hemos hecho mal.
Gracias por la vida, el alimento y los amigos.

Y siguió el niño:

Gracias porque mamá me quiere
y porque papá también.
Gracias porque no he pegado a nadie
y he hecho bien las sumas.
Gracias por el recreo: jugué mucho.
Bueno, que me voy a dormir...

Por la noche, antes de dormir, recuerda lo que has hecho durante el día y da gracias a Dios por lo que has vivido.

Un beso para Jesús

Una niña había ido a pasar el fin de semana con su abuela.
En la habitación, antes de dormir, la abuela le dice:

– Reza un poquito.

Y la niña le responde:

– Abuela, hoy estoy cansada.
Le voy a mandar a Jesús un beso,
y que suba al cielo. Mira, así...

La niña echa un beso al aire diciendo:

– Vuela corriendo hasta Jesús.

Para rezar, no hace falta decir muchas palabras. Es suficiente con un gesto sencillo. Por ejemplo, como esta niña, manda un beso a Jesús o a María...

Rezo con frases sencillas

Para aprender a rezar, reza. Cuando quieras rezar, elige una de estas frases. Después repítela varias veces desde el fondo de tu corazón. Lo puedes hacer en cualquier momento o lugar.

- Bendito seas, Señor.
- Gracias a Dios.
- Tú eres nuestro Padre.
- ¡Cuánto nos quieres, Padre Dios!
- Escúchame, Señor, y ayúdame.
- No nos dejes solos, Señor.
- Todos somos tus hijos, Padre Dios.
- Dios, hazme generoso y bueno.

– Todo por ti, Jesús, mi amigo.

– Jesús, tú eres mi verdadero amigo.

– Jesús, has venido a salvarnos.

– Contigo no tengo miedo, Jesús.

– Jesús, sálvanos.

– Jesús, escúchanos.

– Jesús, enséñame a querer a todos.

– ¡Quédate con nosotros, Jesús!

– María, te quiero.

– María, ayúdame.

Mi oración

MARÍA y Jesús son buenos, tan buenos como dios.

Rezo porque ya sé rezar

Para rezar, comienza a rezar. Di a Jesús que le quieres. Di a Dios lo que sientes... Hazlo en cualquier momento del día y en cualquier lugar.

Jesús, ya sé rezar.
Es como hablar contigo
y decirte que te quiero
y escuchar que me quieres
y me cuidas.

Jesús, ya sé rezar.
Cada día, me acordaré de ti
al comer, al jugar, al estudiar...
Y tú te acordarás de mí
y me ayudarás.

Padre Dios:
¿Por qué no te puedo ver?
Pues enséñame a escuchar.
Y, cuando no te pueda oír,
enséñame a callar.

Mi oración

Porque ya sabes rezar, reza cada día. Ten confianza en Dios. Repítele de muchas formas que confías en Él. Cultiva la amistad con Jesús. Habla con él como con un amigo.

Tú, Dios, sabes mi nombre.
Tú, Dios, me conoces.
Tú, Dios, me quieres.
Tú, Dios, me cuidas.
Tú, Dios, eres mi Padre y mi Amigo.
Yo sé que nunca me abandonas.
Gracias, Padre Dios.

El sol da vida, luz y calor.
Por eso dice papá que tú eres
como el sol.
Por eso, cuando hago las cosas bien,
me dice mamá: "¡Eres un sol!"
Pues hoy te rezo hoy:
¡Padre Dios, eres un sol!

Amigo Jesús:
sé que eres mi amigo,
un amigo de verdad.
He tenido mucha suerte
porque cada día podemos hablar
un poquito tú y yo. Escúchame.
Yo también te quiero escuchar.

Mi oración

Rezo al comenzar el día

Cuando te despiertes, da gracias a Dios por el nuevo día. Y ofrécele lo que vas a hacer durante ese día.

Buenos días, Padre Dios.
Gracias por este día.
Es un nuevo regalo
para que yo crezca,
aprenda y trabaje.
Quiero que vengas
siempre conmigo.
Buenos días, Padre Dios.

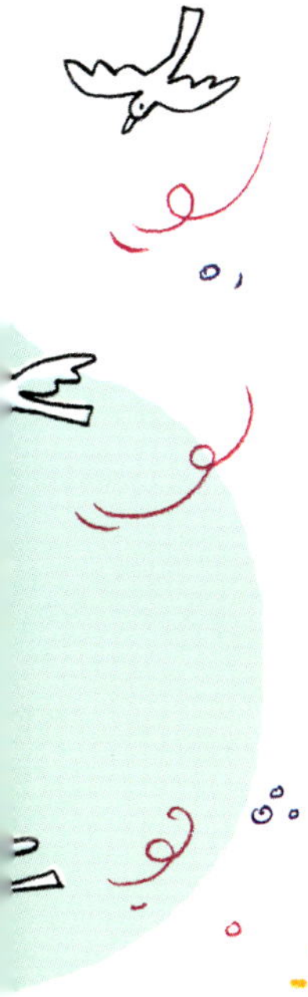

Gracias por el nuevo día.
Ya pasó la noche
y he dormido bien.
Ahora quiero estar bien despierto
para jugar, trabajar, escuchar.
Si tú me ayudas, todo irá bien.
Gracias, Padre Dios.

Tengo vida, puedo saltar.
Tengo vida, puedo hablar.
Tengo vida, puedo cantar.
La vida es tu regalo más grande.
¡Viva la vida!

Mi oración

Rezo al comenzar la clase

Cada día, al comenzar la clase, di con tus compañeros esta oración. Y después continúa tú solo diciendo lo que vas a hacer ese día y cómo quieres ser.

Buenos días, Padre Dios,
Buenos días, compañeros,
Buenos días, profesora.
Buenos días a la vida,
a la luz y a la alegría.
Buenos días a este día
en el que voy a trabajar...

Buenos días, Padre Dios,
buenos días, compañeros.
Gracias porque todos juntos
vamos a aprender muchas cosas.
Gracias, Padre Dios,
porque podemos jugar y estudiar.

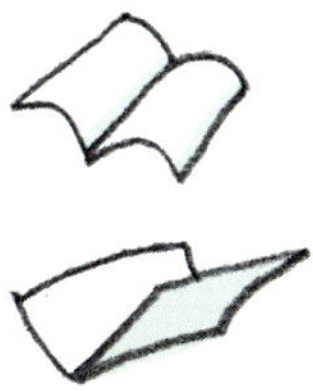

Hola, Jesús.
Hola, María.
A los dos os ofrezco
el trabajo de este día.

Mi oración

Rezo a la hora de las comidas

Porque puedes comer y porque tienes qué comer, sé agradecido. Dale gracias a Dios por los bienes que nos da y a quienes los preparan para nosotros.

Gracias, Dios, por el desayuno.
Quiero comer para crecer
y poder trabajar en la escuela
Y, mientras como, quiero acordarme
de los que no tienen comida.

¡Qué rica la comida
que ha preparado mamá!
Muchas gracias, Padre Dios,
porque papá y mamá me quieren mucho
y siempre me cuidan.

Ahora, que yo puedo comer
y mis hermanos también,
quiero recordar
a los que no tienen pan.

Mi oración

Rezo cuando voy a una iglesia

Cuando entres en una iglesia, haz silencio, mira al sagrario o cierra los ojos... y siente que Dios está ahí. Después habla con Él o con Jesús, que está en el sagrario. Y pídele que venga a tu corazón.

Dios está aquí.
Dios está a mi lado.
Yo no lo veo, pero lo sé.
Yo no lo veo, pero lo siento.
Gracias, Señor.

Jesús, esta es tu casa.
Aquí siempre estás
y aquí siempre me esperas.
Quiero pasar un rato contigo.
Tú y yo nos hablamos.
Hoy te quiero decir que...

Jesús, yo creo que estás
en el sagrario.
Quiero que vengas a mi corazón.
Yo me uno a ti.
No dejes que me aparte de ti.
Gracias por venir a mí.

Mi oración

Rezo cuando estoy en la capilla

Cuando entres en la iglesia o vayas a la capilla, piensa en Dios o fíjate en el sagrario: en él está Jesús. Después elige una frase, cierra lo ojos y repítela varias desde el fondo del corazón.

– Tú eres un Padre estupendo.
– Gracias, Dios, por estar aquí.
– Bendito seas, Señor.
– Cuenta conmigo, Señor.
– Padre Dios, qué bueno eres con nosotros.

– Jesús, sé que estás en el sagrario. Gracias.

– Estoy contento de venir a estar contigo, Jesús.

– ¡Qué bien se está aquí, Jesús!

– Tú eres el mejor amigo, Jesús.

– Jesús, tú me quieres, yo te quiero.

– Amigo Jesús, estoy muy a gusto contigo.

– Jesús, cuenta conmigo.

– María, tú eres la madre de Jesús.

– Alégrate, María, madre del Señor.

– Santa María, ruega por nosotros.

Esta misma forma de oración la puedes hacer a cualquier hora del día y desde cualquier lugar.

Rezo con lo que veo en la iglesia

Porque ya sabes rezar, reza a partir de algunos objetos que son importantes para los cristianos. He aquí algunos ejemplos, pero puede haber muchos más.

La pila del Bautismo

Por el agua del Bautismo
nos haces tus amigos.
Gracias, Señor.

El cirio o vela encendidos

Jesús, tú eres la luz del mundo.
Tú me alumbrarás en el camino.
Contigo veré las cosas más claras.
Gracias, Jesús.

El sagrario

Jesús, tú estás ahí,
en el sagrario.
Yo creo en ti,
yo espero en ti,
yo te amo.
Gracias, Jesús.

El libro de la Biblia

Padre Dios,
en la Biblia leo historias
que me hablan de ti.
Quiero escuchar a Jesús.
Quiero aprender a cumplir
lo que él me dice.

Rezo en cualquier momento y lugar

Porque ya sabes rezar, reza en cualquier momento y desde cualquier lugar. Dile a Dios lo que te pasa. Cuéntale a Jesús cómo estás.

Cuando estoy enfermo

Jesús, estoy malito.
No puedo ir al cole ni jugar
¡Quédate conmigo!
Ayuda a papá y a mamá
que ahora tienen más trabajo.
Espero mañana poder estar bueno.

De vacaciones

¡Yupii! Tengo vacaciones.
estaré más tiempo
con mamá y con papá,
veré la tele, iré a la piscina...
Te prometo que hablaré
cada día un ratito contigo.

En el campo

Gracias por la luz
y el aire que respiro.
Gracias por las plantas
que huelen bien
y alegran el campo.
Gracias por las flores
pequeñas y bonitas
Gracias por el paisaje
que veo allá lejos.

Alaba a Dios que ha hecho todas las cosas para que disfrutemos de ellas. Alaba a Dios: Él es el creador.

¡Qué bonito es este árbol!
Dios es su Creador.
¡Qué río tan limpio y grande!
Dios hizo un día el agua.
Y ese cielo tan claro y azul
también Dios nos lo regaló.
Bendito seas, Señor.

Gracias por el sol,
por la luna y por el mar.
Gracias por los animales
que se mueven sin parar.
Gracias por la vida
que a todos nos das.

Qué bonito es el cielo
cuando lo veo de noche.
Qué bonitas son las estrellas
que un día nos regalaste.
Cuando las miro, me dan ganas de decirte:
¡Qué bueno eres, qué grande eres,
cuánto nos quieres!
Gracias, Padre Dios.

Mi oración

Rezo por la noche antes de dormir

Por la noche, cierra los ojos, recuerda lo que has hecho bien y da gracias a Dios. Recuerda lo que puedes hacer mejor y pídele que te ayude.

Padre Dios:
¡Cuántas cosas buenas hice hoy...!
Voy a recordarlas y a contártelas...
Por todo ello, gracias, Padre Dios.

 Jesús, ya he dado
las buenas noches a todos.
Ahora te las doy a ti:
que no pase nada malo en el mundo.
Buenas noches, Jesús.

 Jesús, me voy a dormir.
Mientras duermo,
protege mi sueño.
Yo confío en ti.

Mi oración

Rezo en mi cumpleaños

Da gracias a Dios porque estás creciendo y cumples un año más. También Jesús crecía por fuera y por dentro delante de Dios y de los demás.

Jesús, llega mi fiesta de cumpleaños.
Vendrán los amigos a merendar y a jugar.
Te invito para que nos veas disfrutar.

Gracias por la vida
que me dieron mis papás.
Gracias por la fe y la alegría que me das.
Y gracias porque tengo un año más.

He tenido muchos regalos. Gracias.
Pensaré en los que no tienen ni fiesta ni regalo ni cumpleaños.
Les daré algo para compartir.

Gracias porque me hago mayor.
Quiero crecer y vivir.
Contigo soy muy feliz.

Mi oración

Rezo para compartir

En Navidad, en la campaña contra el hambre, en Cuaresma..., ¡siempre!, recuerda a los que tienen menos que tú. Reza por ellos e intenta colaborar en lo que puedas.

Jesús, me han dicho muchas veces
que hay niños que no pueden vivir
porque no tienen comida.
Hoy te pido que les ayudes.
Y que sepamos repartir nuestras cosas
para que todos los niños tengan lo necesario
para vivir y ser felices.
¡Por favor, escúchame, Jesús!

Jesús, me han dicho que hay niños que no pueden ir a la escuela y nadie les enseña.
Yo quiero colaborar para que vayan maestros y para que tengan mesas y sillas y cuadernos y así puedan hacer trabajos como nosotros.

Padre Dios, reparte entre todos el pan de cada día.
Yo también quiero colaborar.

Mi oración

Rezo cuando estoy con los amigos

Reza con los demás cuando estáis juntos. Recuerda que Jesús dijo: "Cuando dos o más se reúnen en mi nombre, allí estoy yo en medio de ellos".

Aquí estamos, Dios,
el grupo de los amigos de Jesús.
Abre nuestros oídos,
prepara nuestro corazón
para escuchar su palabra
y querernos con amor.

Querido Dios:
Nos reunimos en el nombre de Jesús.
Él está con nosotros.
Ayúdanos a escucharnos y a querernos.

Jesús: Tú eres nuestro amigo.
No queremos pelearnos
sino colaborar.
Ayúdanos tú, que eres
nuestro amigo de verdad.

Mi oración

Rezo cuando estoy contento y soy feliz

Hay muchas cosas que nos hacen estar contentos y vivir felices. Cae en la cuenta de cuáles son y da gracias a Dios por ellas.

Estoy contento porque la señorita ha dicho que trabajo bien. Gracias, Padre Dios.

¡Qué contento estoy de tener un papá y una mamá que me cuidan y me quieren! Yo quiero que ellos también estén contentos conmigo.

Estoy feliz cuando papá o mamá juegan conmigo y me acompañan. ¡Qué buenos son! Gracias, Padre Dios.

Jesús, estoy feliz porque he compartido mis cosas con otros niños. Así les he ayudado a vivir más felices y contentos.

Mi oración

____

____

____

____

Rezo cuando estoy triste

A veces suceden cosas que no te gustan. O haces algo que molesta a los demás, y te riñen. O los demás te molestan a ti. En todos los casos, díselo a Jesús.

Hoy he llorado
porque mamá me ha reñido.
Quiero ser más obediente.

Jesús, tengo pena
cuando un amigo
me insulta o me pega.
Enséñame a perdonarle.

A veces mis amigos
no juegan conmigo.
Me siento solo y me quedo mal.
Pero yo sé, Jesús, que tú
estas conmigo y me acompañas.

Mi oración

Rezo cuando me cuesta hacer las cosas

A veces te cuesta hacer las cosas bien. También en esas ocasiones puedes rezar para que Jesús te ayude.

Jesús, muchas veces me da pereza ayudar a mamá y a papá.
A ellos les gusta cuando les ayudo.
Voy a intentarlo. Ayúdame tú.

Hoy me puse a jugar
en vez de hacer los deberes.
A ver si otro día lo hago al revés.

Me cuesta obedecer a la primera
y mamá y papá se enfadan.
Yo no quiero que se enfaden.
Ayúdame a obedecer.

Mi oración

Rezo para pedir perdón

Cuando hagas algo mal, pide perdón. Pide perdón a Dios y a los demás. E intenta cambiar.

Amigo Jesús:
mi profesora se ha puesto triste
porque no he hecho bien las cosas.
Te prometo que seré más trabajador.
Ayúdame a conseguirlo.

Jesús:
He hecho algunas cosas mal.
Ahora me doy cuenta y te pido perdón.
Gracias, Jesús.
Tú siempre me perdonas.

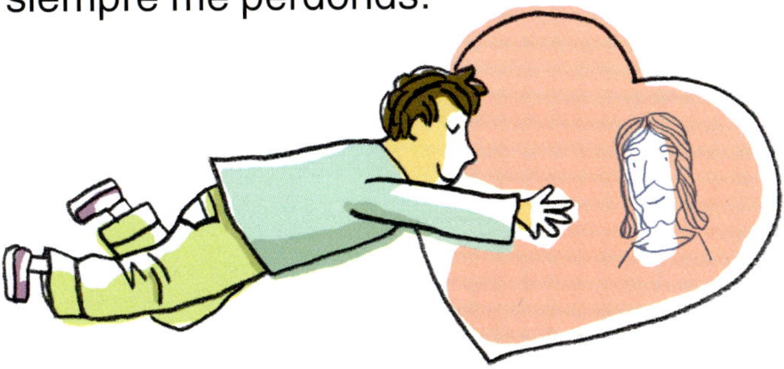

Hoy le he pegado
a mi hermano con rabia.
Después le he pedido perdón.
Jesús, perdóname tú también.
No quiero pegarle otra vez.

Mi oración

Rezo al principio del curso

Todo es nuevo al principio del curso: los libros, los compañeros, la señorita... Da gracias a Dios y pide a Jesús que os ayude a colaborar.

Jesús, estamos en un nuevo curso.
Todos los días haremos trabajos
y aprenderé a hacer cosas nuevas.
Cuento con tu ayuda.

Jesús, he empezado el curso.
Gracias por los libros, cuadernos
y pinturas que tengo.
Son tantos que casi no caben en la cartera.
Quiero que te acuerdes
de los que no tienen escuela.

Gracias por los niños
que he visto.
Algunos son nuevos,
y otros del año pasado.
Quiero que todos, como amigos,
pasemos un curso muy bueno.

Mi oración

Antes de la Navidad, pedimos a Jesús que venga. Y nos preparamos para su venida. Por eso, di con frecuencia: “Ven Señor, Jesús”.

Ven, ven Señor, no tardes,
ven, ven, que te esperamos.
Ven a nuestra casa,
ven a nuestro corazón.
Ven, ven, Señor.

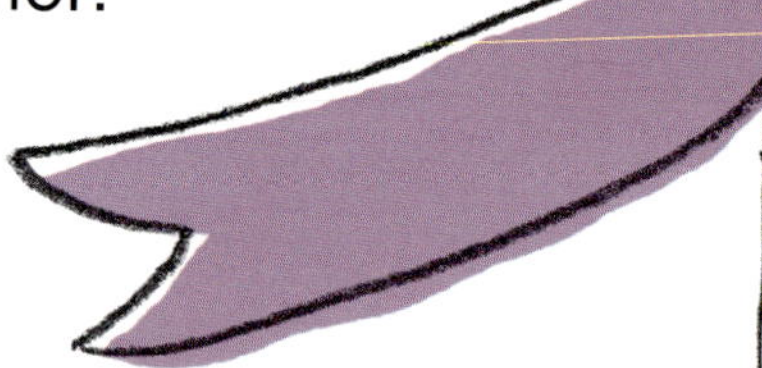

Jesús, para que no haya guerras,
ven, ven Señor.
Para que haya paz en el mundo,
ven, ven Señor.

Ven, Salvador,
ven sin tardar.
Ven y ayúdanos,
tú nos salvarás.

Mi oración

Rezo en Navidad con mi familia ante

Al preparar el belén, en casa, en la clase o en la parroquia, recuerda a Jesús y a las personas que más quieres o que más lo necesitan. Y pide a Jesús que venga a nosotros.

Ven, Jesús, a mi casa.
Vamos a preparar el belén.
Al hacerlo, queremos recordar
a los pobres que no tienen ni pan.

María, dale besos al Niño.
Y dile de mi parte:
“Te quiero, te quiero y te quiero”.

Jesús, vamos a llenar
de pastores el portal.
Queremos que todas las personas
estén cerca de ti esta Navidad.

¡Que fiesta tan bonita
es la Navidad!
Gracias, Jesús, por venir a la tierra.
Ojalá todos te conozcan y te quieran.

Mi oración

Rezo en Cuaresma y en Semana Santa

En Cuaresma o en Semana Santa, mira la cruz de Jesús, piensa en lo que sufrió al morir por nosotros y dile lo que sientes.

Jesús, en Cuaresma
nos preparamos para celebrar
tu muerte en la cruz y tu resurrección.
Ayúdanos a corregirnos
de todo lo que hacemos mal.

Jesús, hijo de Dios,
todo lo sufriste por nosotros.
Jesús, mi amigo, yo quiero colaborar
para que la gente no sufra.

¡Jesús, moriste en la cruz
por amor a todas
las personas del mundo!
Gracias por salvarnos a todos.

Mi oración

Rezo en el tiempo de Pascua

Jesús ha resucitado: Dios le ha dado una nueva vida para siempre. También nosotros resucitaremos. Por eso estamos alegres.

 Gracias, Jesús,
porque no te quedaste en la cruz.
Gracias, Jesús,
porque has resucitado.
Gracias, Jesús,
porque estás vivo para siempre
y vives muy cerca de nosotros.

Jesús: al morir,
Dios te dio una nueva vida.
Por ese decimos:
¡Alegría! ¡Aleluya!

El Señor resucitó, aleluya.
Cantad con alegría, aleluya.
Demos gracias a Dios, aleluya.
Jesús es el Señor, aleluya.

Mi oración

Rezo en la fiesta de Pentecostés

Jesús nos envió su Espíritu. Él nos guía. Él nos da fuerza. Invoca con frecuencia al Espíritu de Jesús. Y vive con alegría.

Ven, Espíritu Santo,
y llena de alegría
nuestros corazones.

Espíritu de Dios,
danos tu amor.
Espíritu de Jesús,
sé nuestra luz.
Espíritu Santo,
guía nuestros pasos.

Padre Dios, me gusta mucho vivir.
Gracias por la vida que me das.
Gracias porque tú estas vivo
y vives dentro de mí.

Mi oración

Reza a María. Ella es la madre de Jesús. Por eso nos quiere. Dile cosas bonitas. Dile que le quieres. Hazlo los días de sus fiestas o cualquier otro día.

Virgen María:
tú eres la madre de Jesús
y eres también mi madre.
Yo confío en ti.

María:
Sé que me quieres
como querías a Jesús.
Yo también te quiero.

María, tú dijiste "sí" a Dios.
Ayúdame a ser generoso.
Como tú, yo también digo:
"Sí, cada día quiero ser mejor".

Mi oración

___

___

___

___

Queridos amigos:

Nadie mejor que los familiares y educadores para ayudar a los niños a aprender a rezar. Para ello, cread el clima adecuado en casa o fuera de ella: facilitadle dónde, cuándo y cómo rezar. Será un buen regalo para todos.

Lugar

Jesús nos dice que debemos orar en cualquier lugar pero lógicamente a cada niño y a cada tipo de oración habrá que buscarle el lugar más adecuado.
Para orar con él y enseñarle, deberá buscarse un sitio en el que:

- Pueda estar cómodo.
- Pueda hacer silencio.
- Haya luz suficiente pero no demasiado claridad.
- No haya cosas que distraigan.
- Tenga alguna imagen, símbolo u objeto que ayude a centrarse.

A veces, el lugar de la oración lo da la ocasión: contemplar el mar, la montaña, una flor...
Conviene no dejarle solo –a no ser que lo pida– para evitar que sienta miedo, soledad o abandono.

Tiempo

Cualquier ocasión es buena, pero se elegirá el momento que reúna las mejores condiciones ambientales. Será un tiempo en el que:

- No se le obligue a dejar lo que está haciendo a gusto.
- Le acompañe el silencio: noche, sobremesa tranquila, sin TV...
- No haya sensación de prisa.
- No sea su hora habitual de jugar.

Los mejores tiempos son los da la noche, el principio o final de una reunión de grupo, un rato de oración familiar, el contexto de una celebración o en el marco de un acontecimiento importante: cumpleaños, vacaciones, un regalo, una anécdota escolar, una pregunta religiosa...

Modos de orar

El niño reza cuando nos ve rezar. Es muy importante acompañarle en la oración. No consiste en decir: ¡reza! Rezará si le iniciamos y le orientamos. Y si rezamos con él. Podemos hacerlo ofreciéndole:

- Frases repetitivas que pueda comprender.
- Frases incompletas que pueda terminar.
- Expresiones de alabanza a Dios y a los demás.
- Formas de reconocimiento: yo puedo, yo sé, nosotros tenemos...
- Oraciones sencillas memorizadas.
- Tiempo de silencio para escuchar.
- Frases del Evangelio: "Jesús dice..."
- Pautas para que cuente a Dios qué le ha parecido después de un relato, un cuento, un hecho, una fiesta...
- Tiempo y espacio para contemplar: un dibujo, una imagen, un objeto...

Así aprenderá a alabar, agradecer, ofrecer, reconocer, valorar, escuchar a Dios, hablar con Dios y con Jesús, realizar lo que Dios quiere...

Y lo podrá hacer con los demás, en el grupo, en el colegio o en la parroquia, cuando está contento o triste, cuando se levanta o se acuesta, los días de fiesta, cuando hay silencio...

Para ello habrá que:

- Enseñarle a admirar (las obras de la creación, las personas...) y a alabar.
- Ayudarle a ofrecer el trabajo, el juego, algo que le cuesta, el hecho de ceder o de obedecer, de modo que pueda llegar a decir: "Por Jesús", "para Jesús", "como Jesús"...
- Presentar un Dios generoso y amigo, al que le podemos pedir por nosotros y por los demás.
- Cultivar la confianza (se sabe querido) para que sea capaz de decir "gracias".

Todo esto, el niño lo aprenderá imitando a los familiares o educadores que creen con confianza, rezan con sencillez y viven con alegría.

Así os lo desea vuestro amigo,

Herminio Otero

Índice